LIBERA TUS

FINANZAS

UNA GUÍA PARA IDEAR EL PLAN PERFECTO HACIA LA OBTENCIÓN DE LA

LIBERTAD FINANCIERA

CHRIS FUENTES
CREADOR DE AXION PLUS

Índice

Aviso Legal

El Autor se ha esforzado por ser lo más preciso y completo posible en la creación de este informe, a pesar de que no garantiza ni representa en ningún momento que los contenidos dentro sean precisos debido a la naturaleza cambiante de Internet.

Aunque se han realizado todos los intentos para verificar la información proporcionada en esta publicación, el Autor no asume ninguna responsabilidad por errores, omisiones o interpretación contraria del objeto del presente documento. Cualquier desaire percibido de personas, pueblos u organizaciones específicas no es intencional.

Es un libro de consejos prácticos, como cualquier otra cosa en la vida, no hay garantías de ingresos hechos. Se advierte a los lectores que respondan a su propio juicio sobre sus circunstancias individuales para que actúen en consecuencia.

Querido lector

Gracias por adquirir este libro que he escrito con mucha dedicación para ti, de verdad espero de todo corazón que logres cada una de las metas que te propongas en la vida, y para ayudarte en ese proceso he creado esta guía, que busca construir ese camino hacia tú Libertad Financiera, independientemente de tu situación actual.

Soy Chris Fuentes, emprendedor, inversionista, coach y viajero, actualmente viviendo en Australia, y seré tu guía durante esta lectura. En conjunto con otros socios hemos creado la plataforma Axion Plus, que busca ser una de las plataformas de educación para emprendedores online más grande del habla hispana, puedes conocernos a través de nuestra página web oficial *www.Axionplusoficial.com*, ahí podrás acceder a todo nuestro contenido y descargar de manera gratuita nuestro más reciente e-book "Diccionario del Emprendedor", con los conceptos claves que debes de dominar para emprender. Además, contamos con nuestro canal de YouTube *Axion Plus*. Me encontrarás en Instagram como @Chrisfuentesf por si quieres hablarme.

Compartimos conocimiento por medio de las redes sociales e internet para que tú y muchos otros consigan emprender y tener el tiempo suficiente para estar con sus familias y para ser felices.

¿Qué es la libertad financiera?

En el siglo XXI se están redefiniendo los conceptos de tiempo y dinero. "Libertad Financiera", es uno de esos términos que ha ganado mucha importancia en el actual escenario financiero.

"Es la libertad de responsabilidades financieras continuas mediante una gestión y asignación planificadas de activos. Libera a una persona del trabajo dándole una fuente constante de ingresos para su vida".

No se debe pensar que una persona financieramente libre también está libre de deudas. Sin embargo, su prudente gestión de activos garantiza que sus deudas no se conviertan en una carga, sino sólo en una parte de sus gastos generales, de esta manera, sus deudas no obstaculizan sus metas financieras a largo plazo. La libertad financiera no puede equipararse a ser rico/a. No hay que olvidar que el excedente de riqueza requiere una supervisión constante. A largo plazo, las obligaciones de una persona rica no la hacen "financieramente libre" en estricto rigor. Por lo tanto, la libertad financiera puede definirse como un estilo de vida que combina gastos e ingresos de acuerdo con la preferencia individual. Esto hace que la libertad financiera sea un estado más posible y conveniente.

La libertad financiera es libertad del tiempo

"El tiempo es dinero", es la creencia general en el mundo profesional. Esta actitud no permite espacio para el tiempo libre. Sin embargo, la Libertad Financiera ha cambiado este concepto de trabajo al permitir que una persona disfrute del ocio sin obstaculizar sus ingresos estables de ninguna manera. Todo el concepto de Libertad Financiera se basa en activos e inversiones que se agravan con el tiempo para generar dinero. Se hacen cargo de los gastos regulares y deja a una persona con tiempo y dinero en sus manos. Una persona financieramente independiente está libre de las garras de la rutina, del intercambio de tiempo por dinero.

Lograr la libertad financiera

Para entender la Libertad financiera uno debe salir de los conceptos tradicionales relativos a los ingresos y los gastos. Se nos ha enseñado que un buen trabajo genera dinero. Libertad Financiera se opone a este concepto de intercambio de tiempo por dinero y permite que el dinero trabaje para el individuo en su lugar. Sin embargo, a pesar de esta ventaja, a muchos profesionales les resulta difícil trabajar sin una rutina fija. Por lo tanto, para lograr la Libertad Financiera es necesario cambiar sus viejas costumbres y desarrollar una nueva actitud hacia la obtención de dinero. Uno debe darse cuenta de que el dinero es simplemente el medio para lograr fines. También hay que recordar que una persona no puede ser juzgada por el dinero que posee, del mismo modo, también hay que deshacerse de la actitud negativa hacia la obtención de dinero. Si bien el exceso de demanda de riqueza obstaculiza la sana relación con las finanzas, es necesaria una percepción saludable del dinero para mantener un equilibrio general. Recuerde que uno gana dinero para lograr fines y, por lo tanto, es saludable y es normal ganar dinero siempre y cuando se sienta la necesidad ética de hacerlo.

Al final, se puede decir que la Libertad Financiera es el estado de ánimo que trabaja hacia el desarrollo a través de un proceso de auto liberación.

La verdad sobre la Libertad Financiera

Muchas personas sueñan con hacerse ricas rápidamente. La verdad es que hacer dinero requiere esfuerzo. A menos que estés dispuesto a hacer algo ilegal que obviamente no recomiendo. tendrás que trabajar por tu dinero, por eso hacerse rico no es un sueño inalcanzable, sino más bien improbable para la mayoría de la gente.

El precio que debe pagarse es a menudo demasiado alto y la mayoría de la gente no está dispuesta a pagarlo. Por eso sacuden la cabeza con incredulidad cuando supuestamente otros obtener tanto y hacer tan poco a la vez; No son capaces de ver todo el panorama. Nada por lo que valga la pena luchar es siempre fácil y accesible y la diferencia no radica en trabajar más duro o ser más inteligente, la diferencia se basa en lo que voy a compartir con ustedes abajo.

La ambición es buena, pero la codicia no. Las serpientes calculan instintivamente cuánto tiempo, energía y esfuerzo los llevará arrastrarse para atrapar a una presa y comparan ese esfuerzo con el beneficio potencial. En otras palabras, comparan el riesgo frente a la recompensa antes de invertir cualquier cosa en lograr su objetivo. Su propósito es muy simple, sobrevivir.

Tu propósito es probablemente similar. Crees que necesitas ganar dinero, pero ¿Para qué quieres el dinero? Número uno: sobrevivir. Número dos: vivir una vida cómoda y lujosa.

Entonces, si algunos animales pueden hacer esto instintivamente, seguro que puedes hacer lo mismo y aún más porque tienes habilidades de razonamiento. Ser rico es agradable, pero no siempre es lo mejor para todos. Déjame explicarte...

No mal intérpretes. Defino a los ricos según los estándares modernos. Leí en algún lugar que basado en los estándares de hoy en día y una persona o familia rica es la que gana un millón o más por año. Por supuesto, algunas personas se sentirían ricas con mucho menos que eso, mientras que otras necesitarían mucho más. Soy uno de los que se siente rico con menos de un millón al año.

Por otro lado, diría que perseguir la riqueza no es lo mejor para la mayoría de la gente. Sé que tienes que ganar dinero. Sé que quieres pasar la mayor parte de tu tiempo haciendo lo que realmente disfrutas. Sé que tal vez quieras dejar tu trabajo y retirarte ya. Sé que más dinero puede traerte la libertad que tan desesperadamente esperas conseguir. Es por esta misma razón por la que digo que no deberías perseguir la riqueza. Las personas a menudo no saben exactamente lo que quieren. Puede que pienses que quieres riquezas, pero tal vez sólo quieras Libertad Financiera. Usted puede creer que la riqueza puede traerle la jubilación, la tranquilidad, el lujo, la dignidad, el respeto de los demás, la comodidad, la libertad, la alegría, los ambientes placenteros, etc.

Lamento decirte que no necesariamente tiene que ser así. La riqueza podría traerte odio de la gente que te rodea. Podría traerte la envidia de tu familia y amigos. Luchas de gente que quiere robar tu fortuna. Falta de paz porque no puedes confiar en nadie. Peleas con miembros de la familia. Divorcio, problemas legales, locura, etc.

La parte triste es que muchas personas pasan la mayor parte de sus vidas tratando de hacerse ricos y una vez que lo consiguen dicen ¿Eso es todo? El dinero nunca debe ser un fin en sí mismo. El precio de ser rico puede ser más alto de lo que crees.

Por esta razón quiero compartir contigo una mejor manera de hacer todo esto. Lo creas o no, esto es lo que la gente a menudo está buscando y no se dan cuenta. Esa cosa se llama Libertad Financiera.

Y podría describirse de la siguiente manera: Trabajas cuando quieras y como quieras. Tienes diferentes fuentes de ingresos. Así que, si dejas de ganar dinero aquí, sigues ganando dinero allí. Trabajas con compañía o solo si quieres. Ganas dinero en línea, fuera de ella o como prefieras. Ganas decenas de miles de dólares al mes. Ganas lo suficiente para pagar una casa en efectivo dentro de un año si lo deseas.

Trabajas en promedio cinco horas al día, pero puedes trabajar más o menos si quieres porque eliges tu propio horario. Haces lo que quieras.

El trabajo es más como un pasatiempo para ti. Ya no es una molestia permanente. Tienes mucho tiempo libre para disfrutar de lo que ganas.

Estás en una situación en la que, si trabajas dos o tres veces más, entonces sabes con seguridad que te volverás rico, pero no lo haces. No te sobre limitas porque eliges tomarlo con calma y hacer lo que realmente vale la pena.

Ves que tienes opciones y elecciones todo el tiempo. Por lo tanto, todavía tienes la opción de hacerte rico, pero probablemente no forzarás ese resultado hasta que entiendas lo que verdaderamente vale la pena y es: experiencias.

Compras un auto nuevo hoy y mañana ya te acostumbras a él. Por lo tanto, si solo persigues cosas materiales necesitarás un mejor coche la próxima semana para sentirte exaltado de nuevo. Entonces probablemente querrás un yate y luego un avión, sin olvidarse de las mansiones, por supuesto.

Una vez que llegues a la cima, puedes darte cuenta de que no estaba ahí. Sí, lo que estabas buscando no estaba ahí. Y eso ocurre porque nuestros sentidos se acostumbran demasiado rápido a las cosas. Tenemos una alta capacidad de adaptación, mucho más alta que muchos otros animales. Es importante tener esta cualidad para sobrevivir y evolucionar.

Concéntrate en las cosas intangibles. Conoce gente nueva, viaja, diviértete, aprende cosas nuevas, busca nuevos gustos. Y al final sonreirás y dirás, honestamente ¡Esto es todo!

Algunas personas se enfocan en hacer o tener algo y una vez que lo consiguen, necesitan hacer otra cosa, y una vez que lo consiguen, necesitan hacer otra cosa y así sucesivamente. El mejor camino es no esforzarse demasiado para hacer algo que pospone tu felicidad para más tarde, sino para hacer todo hoy y diversificarse. Eso se puede lograr principalmente a través de la Libertad Financiera.

No tengo nada en contra de la riqueza ni de la gente rica. El punto es que no trates de perseguir la riqueza sin más. ¿Por qué trabajar más y disfrutar menos si vives una sola vez? La idea es trabajar menos y disfrutar más. Para aquellos que creen en la reencarnación, ¿se esforzarían tanto por acumular fortunas en esta vida si tuvieran que volver dentro de unas décadas y hacerlo todo de nuevo?

La riqueza es buena, es sabrosa, es genial, pero trabajar diligentemente para alcanzar la Libertad Financiera es mejor. También vale más la pena y es más alcanzable.

Existen tres niveles de prosperidad. Número uno tienes un buen trabajo remunerado. Un trabajo es un trabajo sin importar cómo lo pongas. Muchas personas sueñan con no trabajar y poder pagar las cuentas a tiempo. Pero si tienes un buen trabajo remunerado, estás en el primer nivel de prosperidad.

El segundo nivel es ser financieramente libre. Probablemente estarás trabajando por tu cuenta. Tú eliges tu propio horario. Generas ingresos por encima de la media y todas las cosas que mencioné anteriormente. En la mayoría de los trabajos trabajas mucho y recibes sobras. En la Libertad Financiera te lo tomas con calma y ganas mucho más. Aun así, tendrás que esforzarte, pero la diferencia es enorme.

El tercer nivel es ser rico. Muy bien. Creo que todo el mundo quiere estar en este nivel (incluido yo). El hecho es que para llegar aquí se necesitan no sólo habilidades, sino también un poco de suerte, paciencia, perseverancia, dedicación y disciplina. De hecho, muchas personas incluso no miran el precio que se debe pagar. Honestamente basado en mi punto de vista un estilo de vida libre de problemas podría encontrarse más fácil en las tierras de la Libertad Financiera que en las de la riqueza.

¿Puedes darte cuenta de que la mayoría de las personas que quieren hacerse ricas rápidamente pierden su motivación? Pierden su dinero, tiempo, alegría, etc. Si eres pobre, de clase media, estas en bancarrota o eres un trabajador duro, tu siguiente nivel será ser financieramente libre. Una vez que llegues a las tierras de Libertad Financiera, podrás darte cuenta de que no tienes que ser rico para ser muy feliz.

Si puedes comprar todo lo que necesitas, además de la mayoría de las cosas que deseas, tu estado de ánimo cambiará para mejor. Si puedes despertarte cuando quieras todos los días y tener cientos de experiencias placenteras cada mes, estarás siempre alegre. La libre elección es una de las cosas más importantes de la vida. Es importante que no estés atado a nadie ni nada. Y esto se puede lograrse a través de la libertad financiera y múltiples fuentes de ingresos.

La libertad financiera viene con un precio

Para cualquiera que esté planeando, o haciendo un negocio, hay algunas salvedades básicas y advertencias que vienen con letra pequeña, y con respecto a las cuales poco se habla por parte de los emprendedores.

En primer lugar, recuerde que siempre tendrá que hacer algunos sacrificios. Se le pedirá que gaste dinero, tiempo y energía para sacar cualquier negocio a flote. La mayoría de los emprendedores exitosos nublan la información cuando mencionan que cualquiera puede abrir un negocio, sin hacer hincapié en todos los sacrificios que ello conlleva.

Tendrás que pagar el precio si quieres triunfar en el camino del emprendedor. Esto significa que tendrás que sacrificar parte o gran parte de tú tiempo que de otro modo pasarías haciendo cosas que disfrutas o en compañía de amigos y familiares. Esto sin duda producirá estrés y resentimiento y necesitas estar preparado con anticipación para manejar todos los efectos secundarios de emprender.

Además, necesitarás energía adicional, más allá de tu cuota normal dada a tu trabajo regular, familia y hogar, para hacer las cosas necesarias para tu negocio. Así que tienes que aprovechar tus reservas adicionales, desarrolla tu impulso para tener éxito y mantente motivado diciéndote a ti mismo que todo esto valdrá la pena a largo plazo.

En cuanto a los sacrificios financieros, algunos tipos de negocios quizás no requieran una inversión tan elevada, pero para acelerar el proceso, deberás asignar algo de dinero para poner las cosas en movimiento tengas un negocio o no.

Deseos y necesidades

La Libertad Financiera y la seguridad provienen de la regulación de tus necesidades y deseos de una manera prudente. El dinero ofrece seguridad, pero también resta seguridad si se gasta en cosas equivocadas. Para hacer frente a esta situación paradójica, es necesario entender las diferencias básicas entre las necesidades y los deseos en la vida.

Es importante manejar el dinero de tal manera que no tengas que suplicar y pedir prestado a otra persona cuando hay escasez. Tales situaciones pueden evitarse si te mantienes alejado de ciertos lujos en tu vida y en su lugar te concentras en ahorrar dinero para satisfacer tus necesidades básicas.

Si no tienes suficiente dinero para llevar una vida normal y cómoda, acabarás llevando una vida inhibida y desagradable. También terminarás haciendo el trabajo equivocado y esto te volverá infeliz e insatisfecho. Si no hay seguridad en tu vida también serás menos activo en tu vida. También te impediría hacer lo que realmente quieres hacer limitando tus elecciones y restringiendo tu estilo de vida.

Los lujos se pueden evitar en gran medida siempre y cuando tengas las necesidades básicas en su lugar. Los lujos son complementos y pueden esperar algún tiempo mientras tenemos suficiente dinero en nuestros bolsillos.

Esto podría parecer restrictivo para mucha gente. Incluso podrían argumentar que no tiene sentido esperar un futuro fantástico cuando tendrás dinero para satisfacer todas tus necesidades y deseos. En primer lugar, necesitas entender que el dinero no puede garantizarte nada en la vida.

El dinero no es un fin en sí mismo. Depende enteramente de todos y cada uno de nosotros manejar el dinero de una manera sabia para cumplir con sus fines. Necesitas ser estricto con tu dinero y gastar sólo en cosas que no puedas prescindir.

Esta lógica se aplica no sólo a los adultos, sino también a los estudiantes y los niños. El valor del dinero tiene que realizarse a una edad muy temprana para que todo su mundo no gire en torno a ganar dinero y que hay otras cosas más valiosas.

Si sabes exactamente lo que deseas y lo que quieres llegar a ser en la vida, puedes trabajar hacia él y tomar decisiones financieras que tengan sentido con tu propósito. Una vez que estés financieramente seguro e independiente, puede vivir la vida de la manera que desees.
Esto no significa que vivas una vida lujosa gastando dinero en cosas no deseadas. Teniendo en cuenta la diferencia entre los deseos y las necesidades, se puede llevar una vida que es satisfactoria y desinhibidora incluso con dinero.

Comience su viaje hacia la libertad financiera

Para iniciar tu sendero de estabilidad financiera y seguridad en la vida, es importante planificar y trabajar duro. Debes de ser consciente de que no será un camino fácil, no habrá muchos privilegios al principio y tu estilo de vida cambiará, si no estás dispuesto a sacrificar los placeres que la vida te da en el corto plazo quizás no deberías estar leyendo esto, pero si estás dispuesto a dar ese kilometro extra, a sacrificar todo por un futuro más libre y feliz pues estás en el lugar indicado. Los pasos que te describiré a continuación son las claves para alcanzar la Libertad Financiera, omitir uno de ellos puede ser perjudicial para tu vida, ten cada uno en cuenta y evalúa tu situación en ellos, se realista y objetivo contigo mismo y no tires la toalla por que suenan complicados o difíciles, da pasos pequeños en este camino hasta que te sea cómodo.

La salud es riqueza (cuídate)

Antes de ir a la información más relacionada con el dinero, quiero enfatizar en la salud, por muy irrelevante y obvio que parezca para ti, esto es primordial por sobre todas las cosas. Una buena salud no solo garantiza bienestar físico y psicológico para superar los desafíos que la vida te pondrá, sino que también te garantiza que estarás ahí para saborear el éxito cuando tus sueños se vean realizados, es por esta misma razón que no creo en los planes de jubilación para obtener una falsa libertad financiera, de que sirven si ya estaremos demasiado viejos y enfermos para disfrutarlos, además que no garantizan una correcta administración de tu dinero, no sabes hacia donde circulan tus contribuciones, no posees un control sobre a qué activos financieros llega ese dinero, y lo peor de todo, ni si quiera sabes porque pierdes dinero en ello.

Para comenzar a mejorar tu salud comienza por reducir gradualmente hábitos que no son saludables para ti, entiendo que seguir dietas y dejar vicios detrás es bastante difícil, por lo que lo mejor es comenzar con ellos gradualmente, personalmente no soy el indicado para darte consejos sobre este tema así que recomiendo que consultes con tu médico de cabecera, o tu nutricionista sobre tu estado de salud y como mejorarlo. O si lo prefieres, adquiere conocimiento de algún otro mentor especializado en estas áreas mediante libros, cursos, seminarios, etc.

Al igual que yo, hay mucha gente ahí afuera dispuesta a educarte en esta área tan importante para la vida, te sugiero busques a esos expertos y te nutras con su conocimiento.

Dicho esto, espero logres comprender la importancia que tiene la salud en tu libertad financiera, busca el equilibrio entre bienestar económico y personal, no tienes por qué sacrificar uno para obtener el otro, ambos son perfectamente compatibles.

Define tu misión y visión

Así como una empresa al iniciar su actividad crea un plan de negocios el cual gira en torno a la misión y visión de este, tú debes de comenzar a verte a ti mismo como tu propia empresa, y la más importante. Definir la misión y visión para tu vida es crucial para el éxito, ¿Qué es lo que quieres?, ¿Es independencia financiera; ser tu propio jefe; mayor seguridad para tu familia; una computadora de última generación para tus hijos? Sea lo que sea, siempre debes concentrarte en tu misión y visión. Refuerza la visión y su papel de todas las maneras posibles, y en tiempos de problemas busca guía y consuelo en ella. Puedes crearte un tablero de visión con imágenes sobre lo que quieres alcanzar y usarla de protector de pantalla o pegarla en tu habitación, haz lo necesario para reforzar cada vez tu misión y visión, deja que tu creatividad se encargue del trabajo.

En el ámbito empresarial, la misión y visión se suelen confundir, dado a que a simple vista parecen significar lo mismo. Para diferenciarlos básicamente imagina a la misión como un acto presente y la visión como futuro, la misión nos dice la actividad que justifica lo que una empresa o una persona está haciendo en un momento determinado, se trata de la razón fundamental de un negocio o la persona y el objetivo que tiene siempre visto a largo plazo, para crear una misión se deben tener en cuenta el motivo de crear este plan financiero o negocio, a que irá destinado, imagen del negocio o de ti mismo, en que te diferencias respecto de las demás personas y si es competitivo, con estos factores llegaremos a las razones claves por las que hemos creado este negocio o plan financiero y cuáles son los objetivos que queremos llegar a alcanzar.

Por otra parte la Visión es más una mirada al futuro, un sueño de la empresa o propio, aspiraciones, imagen a futuro y su propósito es ser la guía de la organización o personal, dirige al proyecto durante su periodo de vida con el objetivo de llegar a ese estado deseado en el futuro, para crearla debemos de ser capaces de proyectarnos hacia el futuro y describir cómo será en unos años, las metas a corto, mediano y largo plazo, los valores y actitudes claves, lo que quieres que las personas comenten de tu empresa en el futuro, que aspectos para crecer te gustaría obtener.

Por ejemplo, la misión de McDonald's es "Servir comida de calidad proporcionando siempre una experiencia extraordinaria" y su visión es "Duplicar el valor de la compañía ampliando el liderazgo en cada uno de los mercados".

En el caso de Microsoft su misión es "Ayudar a las personas y las empresas alrededor del mundo a desarrollar todo su potencial" y su visión es "Tener una estación de trabajo que funcione con nuestro software en cada escritorio y en cada hogar"

Como puedes darte cuenta las grandes empresas que mejor marca tienen, tienen claramente definida la columna vertebral estratégica para funcionar, saben exactamente hacia donde se dirigen y especifican que acciones hacen para llegar a ellas.

Fijación de metas

El primer paso que debe dar mientras administras tu dinero es tener un objetivo financiero. El Año Nuevo es un momento ideal que te ayudará a tomar algunas decisiones importantes. Este es el momento de revisar tus metas financieras. Tus metas ayudarán a seguir adelante con tus finanzas.

Debes de tener algo por lo que trabajar todos los días. Debes tener un presupuesto planificado y utilizar estos objetivos que has establecido como mapa. Estas metas financieras ayudan a motivarte y te animan a ahorrar. Sin un plan adecuado es difícil llegar a cualquier lugar por lo que es importante estar bien dirigido.

En caso de que no tengas un objetivo financiero, nunca podrás lograr una independencia financiera. Haz una lista de las cosas que quieres. Tu lista puede comenzar con el primer paso de estar libre de deudas; puede ser seguido por el inicio de una cuenta de jubilación, ahorrando lo suficiente para financiar una casa para uno mismo y otras necesidades básicas.

No permitas que nadie te diga que escribir en tu planificación de tus deseos financieros, dado que todo puede encajar perfectamente en esa lista si se planifica bien, ya sea una casa nueva, un viaje a Europa, o un negocio propio, todos son objetivos monetarios alcanzables, solo debes de asegurarte de priorizar bien tus deseos dado que una deuda puede que sea más urgente que un viaje al otro lado del mundo.

Hay ciertas metas en las que trabajamos constantemente, y hay algunas que esperan a que ciertas metas se cumplan antes de que puedan ser ejecutadas. Es importante establecer limitaciones de tiempo para el cumplimiento de las metas.

Tomemos por ejemplo que puede haber unos 25 años antes de retirarse, por lo que desearías estar libre de deudas en los próximos 6 años. Ya con un plazo de tiempo establecido puedes ponerte en marcha para cumplirla. Recuerda que siempre estás la posibilidad de modificarlos.

El siguiente paso sería dividir tus metas en metas a corto plazo. Cuando dividimos una tarea grande en pasos más pequeños nos ayuda tener esa inyección de dopamina que nos mantiene motivados hacia nuestra meta más importante, nos permite sentir que estamos avanzando hacia ella y, por lo tanto, nos hace sentir bien con nuestras acciones.

Ahorra sabiamente

Ahorrar es el primer paso y es el paso más fácil, más simple, pero más difícil emocionalmente. Sé que empezar a ahorrar dinero es emocionalmente doloroso porque gastar dinero es fácil y placentero, mientras que ahorrar dinero es difícil y desafiante. Pero como cualquier comportamiento, se vuelve más fácil y natural cuando lo haces con mayor frecuencia.

La economía como finalidad busca estudiar la asignación de recursos escasos, y en términos más domésticos, llevados a nuestra realidad, la economía personal es similar, además, en economía aprendemos que un país crece sólo a través de la inversión. Y la inversión es el resultado directo del ahorro. Del mismo modo, en el caso de un individuo, su estado financiero crece a través del ahorro.

En mi opinión, los ahorros mensuales deben dividirse en cuatro categorías obligatorias. Con esto, quiero decir que de entre todas las posibilidades que puedes hacer con ese dinero, desde mi punto de vista hay cuatro de ellas son absolutamente prescindibles. Por ejemplo, si recibes un pago de $500 y has decidido que ahorrarás una porción del el en una cuenta de ahorro, digamos que tu propia tasa de ahorro personal que tú mismo te has fijado es del 20%, entonces mueves $100 ($1,000 X 20%) en un ahorro separado. Ahora, tras tener esos $100 ahorrados, los dividirás en al menos cuatro categorías obligatorias que te mencionaré a continuación, junto con cualquier otra categoría que consideres valiosa para ti. De esta manera tendrás esos $100 asignados a tareas financieras específicas para cumplir tus metas financieras.

Aquí están las cuatro categorías en orden de prioridad:

1. La caja fuerte

Esta es tu cuenta de la riqueza. El dinero que entra en esta cuenta nunca sale, como una caja fuerte unidireccional. El propósito de esta caja fuerte es invertir el dinero, nunca gastarlo. Este crecerá y se convertirá en la mayor parte de tu patrimonio neto, logrando generar en el futuro que casi todos tus ingresos provengan de inversión. Si no empiezas a crear riqueza, centavo por centavo, por muy poco que parezca, nunca tendrás ninguna.

2. Colchón financiero

Esta cuenta permite retirar el dinero, será tu trampolín o en este caso tu colchón que suavice las compras y lujos que te quieras dar, está orientado para cosas que deseas comprar, pero no puedes permitirte comprar cosas con dinero que no provenga de acá. Por ejemplo, una casa, coche, vacaciones, fondo universitario para niños, atención médica planificada, ropa, joyas, etc. También debes de tener en cuenta que de esta cuenta saldrá el dinero destinado a mantenimiento que necesite tu hogar, como pintura, electrodomésticos, remodelación, etcétera, también va para el coche y todo tipo de gasto que inesperado orientado a reparaciones.

3. La depuradora

La tercera cuenta ira destinada a automatizar pagos adicionales en tus tarjetas de crédito, préstamo automotriz, hipoteca y todo tipo de responsabilidad financiera que poseas, al tener una cuenta destinada para ellos y automatizarla para estos pagos los eliminaras automáticamente de tu vida, teniendo más dinero disponible en el futuro para destinarlo a las otras categorías. La deuda puede hacerte rico si la sabes usar de manera adecuada, como endeudarte para comprar casas que arrendarás, o para tu propio negocio, sin embargo, acá estamos hablando de esa deuda mala y toxica que le hace mal a tu salud financiera, estas deudas son lo opuesto a la libertad financiera, dificultan tu camino hacia tus metas financieras, si no me crees revisa los intereses que has pagado cada mes e imagina si ese dinero se hubiese invertido en su lugar. El propósito de esta cuenta es simplemente limpiar nuestro historial crediticio toxico, dejándonos más dinero que podremos destinar hacia las otras cuentas, cuando tus finanzas estén más ordenadas, podrás pagar todo con tu segunda cuenta sin necesidad de recurrir a deudas.

4. Educación Financiera

Ya sean libros, revistas, seminarios, softwares, membresías de inversión, cursos, etcétera, en fin, todo lo relacionado con aumentar tus conocimientos en materia financiera, además se destinará a contratar asesores financieros profesionales, contadores de impuestos o abogados inmobiliarios en el futuro, teniendo dinero a tu disposición para esto siempre podrás disponer del mejor conocimiento y asesoramiento, siempre busca la calidad y no escatimes en costos cuando se refiere a la educación financiera, esta te dará el conocimiento necesario para utilizar tu caja fuerte en poderosas inversiones que aumenten aún más tu patrimonio.

Como mencioné anteriormente, puedes poner ahorros en lugares que sólo están limitados por tu creatividad. Pero considero que estas cuatro esferas son tan importantes que necesitan alimentarse continuamente con dinero de manera sistemática.

Si te falta la primera cuenta, La caja fuerte, nunca tendrás el dinero para empezar a invertir y nunca recibirás ningún ingreso de inversiones. Este es prácticamente el objetivo de todas las finanzas personales, ayudarte a generar la mayor cantidad de ingresos de inversión. Es por eso por lo que esta es la más importante de las cuatro categorías, para conseguir que tu dinero trabaje por ti. No considero que ninguna cuenta de jubilación o de retiro sea dinero de Caja fuerte, esto se debe a que no tienes control directo para invertir el dinero o recibir ningún ingreso de inversión hasta que el gobierno decida que puedes.

Si te falta la segunda cuenta, Colchón financiero no puedes comprar lo que quieres y aumentarás tu deuda personal. Esto te mueve en la dirección opuesta a la libertad financiera, está reduciendo la cantidad de dinero que puedes gastar cada mes por la cantidad del pago de deudas, y está reduciendo tu patrimonio neto por el principal y los intereses que se le cobrarán. Otro síntoma de la falta de colchón financiero es el deterioro de tu automóvil, hogar y salud porque no tendrás el dinero para el mantenimiento. Todo lo físico necesita mantenerse, desde tus dientes hasta la aspiradora de tu casa, y cuesta dinero hacerlo. Esto deprecia los activos financieros que posees y pone en riesgo tu calidad de vida.

Si te estás perdiendo la tercera cuenta, la depuradora, simplemente vas a ser el perdedor en el juego financiero de la vida.

"Las personas que están construyendo su riqueza cobran muchos pequeños pagos de intereses de las personas que están destruyendo su riqueza haciendo muchos pequeños pagos de intereses".

El dinero se transfiere cada mes de un grupo de personas a la otra. ¿En qué grupo quieres estar? Bueno, tu caja fuerte puede ponerte de manera automática en el grupo de constructores de riqueza y tu cuenta de la depuradora comienza a sacarte del grupo de destructores de riqueza. La cuenta de la depuradora te pone en camino para extinguir permanentemente toda tu deuda personal. Cuanto antes se pague una deuda personal, más rápidamente se puede tomar todo este dinero y ponerlo en las otras categorías.

Si te falta la cuarta cuenta, Educación Financiera, no sabrás cómo capitanear tu caja fuerte, y puedes llevarla directamente hacia rocas. Solo tu administrarás tu dinero de una manera que le podrás sacar su máximo beneficio. Así que es mejor si pagas para aprender a manejar el dinero y aprender dónde ponerlo. Esta es una forma de inversión, pero en ti mismo, debes nutrir tu mente con herramientas que te permitan administrar bien tu dinero y este plan se vea amplificado.

Al asignar tus ahorros en estas cuatro categorías, está abordando los cuatro elementos más importantes de la gestión financiera. Te se asegurarás de que tus ingresos de inversión siempre aumentarán agregándolos a tu caja fuerte; tendrás dinero disponible para gastos adicionales con tu colchón financiero; tu patrimonio neto siempre aumentará con una cuenta depuradora; y aprenderás inteligentemente cómo reducir tu riesgo de inversión, aumentar tus rendimientos de inversión y reducir tu responsabilidad fiscal con tu cuenta de Educación Financiera. La única fuente de dinero para construir estas funciones financieras críticas para aumentar tus ingresos, patrimonio neto y estabilidad son tus ahorros, simplemente tiene que hacerlo. Administra estas cuentas simultáneamente, no te centres sólo en la deuda o sólo en la educación.

¿Cuánto asigna entre las cuatro categorías? ¡Cualquier cosa más que cero! Depende de ti, y tu situación financiera, esta fluctuará y será diferente de los demás. Sólo para obtener algunos porcentajes iniciales, a continuación, está es mi asignación. No es una recomendación para nadie, es solo lo que funciona para mí en este momento.

Mi tasa de ahorro actual es el 30% de todos los ingresos después de impuestos.

Significa que el 30% de todos los ingresos en efectivo que entran a mi cuenta cada mes se reservan en estas categorías:

- La Caja fuerte recibe el 50% del ahorro total cada mes.
- El Colchón financiero recibe el 20% de los ahorros cada mes.
- La depuradora recibe el 20% de los ahorros cada mes.
- La Educación Financiera recibe el 5% de los ahorros cada mes.
- Y eso deja 5% para otras categorías cada mes.

Los consejos anteriores son recomendaciones para ahorros de ingresos que recibes regularmente de tu salario o inversiones, pero puede que recibas ingresos inesperados y únicos como herencias o premios, para este caso el 90% de estos los divido en estas cuatro categorías y el 10% restante va para gastos que quiera hacer en ese momento, repito, son mis propias reglas, tú puedes crear las tuyas propias y asignar los porcentajes como creas conveniente, en mi caso como te puedes dar cuenta en los porcentajes que mi enfoque principal es aumentar el saldo de mi caja fuerte, esto es principalmente para iniciar proyectos de inversión que tengo en mente.

La cantidad de dinero que puedes ahorrar de cada fuente de ingresos es tu clave para un futuro financiero más brillante. Por el contrario, a aquellos que se niegan a ahorrar dinero sistemáticamente les espera un futuro financiero arriesgado y tenue. Así que asegúrate de tomar las medidas necesarias para dejar de lado los ahorros y luego dividirlos simultáneamente entre las cuatro cuentas obligatorias. No tienes una base financiera sin estas cuatro cuentas, dado que, con ellas, podrás construir un camino solido hacia tu Libertad Financiera.

Invierta su dinero sabiamente

Como la mayoría, trabajé muy duro durante mi vida creyendo que cuanto más trabajo hiciera, más dinero recibiría. Entregaba todo mi tiempo y esfuerzo año tras año esclavizado por mis jefes que mostraban pocas señales de agradecimiento por mi arduo trabajo, para ganar un cheque de pago que difícilmente podría pagar mis cuentas.

Después de algunos años difíciles y agotadores, me di cuenta de mi decepción, de que no estaba llegando a ninguna parte. Probé muchas otras alternativas, pero ninguna me lograba satisfacer y comencé a cuestionarme mis sueños y comenzar a considerar vivir la vida como la mayoría, es decir, ¡levantarme por la mañana... entrar en el atasco del tráfico... ir a trabajar... volver del trabajo... cenar... ver la televisión... ir a la cama... valla tipo de vida!

Aun así, en el fondo de mi corazón, había un ardiente impulso de continuar mi búsqueda. Asistí a seminarios y comencé a leer mucho para buscar una dirección adecuada a seguir.

Por fin, en uno de estos seminarios me encontré con un hallazgo interesante, la mayoría de las personas muy ricas en realidad no trabajan duro en absoluto, hablo de personas que viven la vida en sus propios términos.

Son personas que tienen todo el dinero que necesitan, pero parecen tener la opción de trabajar cuando quieren... donde quieren... y para quien quieren. Lo mejor de todo es que tienen todo el tiempo libre del mundo para viajar... para pasar con sus hijos... hacer jardinería... bajar sus puntuaciones de golf... para aprender una nueva receta en la cocina... y, en resumen, disfrutar de la vida.

También aprendí la palabra "Apalancamiento", que estos multimillonarios utilizaron para crear riqueza haciendo lo mínimo mientras cosechaban el máximo. Me había encontrado con el concepto de Libertad Financiera por primera vez.

Me aconsejaron que dejara de fantasear con esto. Durante muchas generaciones, nuestros padres, sus padres y los padres de sus padres se habían criado para tener sólo un objetivo importante en la vida: Trabajar. Trabajamos duro en las escuelas para obtener buenas calificaciones y así avanzar a las Universidades e Institutos donde trabajamos aún más duro para obtener un trabajo bueno y seguro. Una vez que tenemos los trabajos que queremos, seguimos trabajando muy duro para mantenerlos y escalar la llamada escalera organizativa del éxito.

Como resultado, todos hemos caído en la trampa de la "Carrera de la rata".

"Una carrera de rata es una búsqueda interminable, contraproducente o inútil. La frase equipara a los humanos con ratas que intentan ganar una recompensa como el queso, en vano. También puede referirse a una lucha competitiva para salir adelante financiera o rutinariamente".

Aunque algunos de nosotros podríamos estar sacando un ingreso alto, no somos realmente "ricos" porque no somos libres de hacer lo que queremos y cuando queremos.

He oído hablar de muchas historias tristes de empleados ricos que no pueden pasar tiempo valioso con miembros de sus familias porque no pueden darse el lujo de estar lejos de su lugar de trabajo durante demasiado tiempo, ya que sus servicios son urgentemente requeridos por la empresa, o médicos y odontólogos que no están relajados y no pueden darse unas largas vacaciones por temor a la pérdida de ingresos o pacientes mientras sus clínicas permanecen cerradas. Al final todos tenemos trabajos que cuidar y no tenemos tiempo para pensar en ser financieramente libres.

Por lo tanto, te sugiero que dejes de pensar que el trabajo es eficaz a partir de hoy. Ahora deberías darte cuenta de que un trabajo no te hará rico. Si tienes un trabajo, se te está pagando un salario por tu esfuerzo. ¿Es posible que te paguen por poner nada o muy poco esfuerzo? Si tu respuesta es "No", estás muy equivocado, porque sigues pensando en un trabajo.

Lo que voy a proponerte es esto: copiar lo que la gente verdaderamente rica está haciendo (o más bien no haciendo). Obtienen sus ingresos a través de varias estrategias de Apalancamiento que les permiten ganar dinero mientras duermen, se inmiscuyen con pasatiempos o tienen vacaciones en lugares lejanos como las hermosas playas de Hawái o Malasia.

El primer paso que tenemos que dar es no tener un trabajo trabajando para los demás. Deberías empezar a tener tu propio negocio y trabajar por ti mismo. ¡No me malinterpretes! No estoy sugiriendo por un momento que comience a invertir fuertemente en la construcción de una tienda, o incluso una fábrica, conseguir empleados, construir inventario, obtener permisos y licencias, etc. Si hicieras esto, acabarías poniendo mucho esfuerzo y todavía teniendo un trabajo para cuidar de este negocio físico tradicional.

Hay muchas rutas que los ricos y millonarios están tomando, pero no todas estas serían adecuadas para ti. Tienes que examinarlos cuidadosamente antes de decidir copiarlas.

Estas son algunas de las rutas convencionales más populares:

1. Franquicias

Esto suena como una buena idea. Podrías atar con grandes organizaciones de buena reputación que podrían ayudarte a configurar tu negocio muy rápido. Pero necesitas invertir una gran suma de dinero y eventualmente todavía terminas teniendo que cuidar el negocio físicamente. Todavía tienes un "Trabajo". ¿Es esto lo que quieres? No, no lo creo.

2. Trading

Sobre el papel esta es una propuesta muy emocionante. Muchos hacen su dinero del trading. A pesar del hecho de que hay muchas estrategias tentadoras y aparentemente atractivas presentadas por cientos de gurús comerciales, las estadísticas todavía muestran que el 90% o más de los traders terminarían quemando sus cuentas a largo plazo. ¿Es esto lo que quieres? No, no lo creo.

3. Inversiones a largo plazo

Podrías considerar esta posibilidad. Muchos habían probado esto y habían alcanzado el éxito en sus vidas. Tenemos que invertir una cantidad considerable de dinero al principio y cosechar el beneficio sólo después de 5, 10 o incluso 20 años. Warren Buffett tenía el capital inicial y suficientes recursos para esperar de 10 a 20 años. ¿Pero puedes esperar tanto? No, no lo creo. Queremos resultados más inmediatos. ¿No es así?, para ello debemos considerar los negocios digitales como una alternativa, negocios que te permitan generar ingresos medianamente pasivos automatizando su crecimiento, y en el siguiente capítulo te enumero las que considero mejores para esta época, pero existen múltiples formas de conseguir entradas recurrentes de dinero que te permitan sostener tu estilo de vida, sin embargo, tu siguiente paso sería ir a por aquellas inversiones más grandes como las franquicias, trading e inversiones a largo plazo, e ir delegando la responsabilidad de tus negocios a personas competentes que están dispuestas a manejar tus inversiones a cambio de un salario, mientras tu disfrutas la vida que mereces.

Negocios digitales

Existen ciertas profesiones que pueden adaptarse más rápido a las generaciones actuales como las orientadas a la tecnología, ciencia e informática. Estas profesiones pueden sobrellevar una crisis mundial sin ningún problema, sin embargo, existen otros métodos que permiten la generación de ingresos de manera digital sin tener conocimientos bastos de matemáticas o física, y a continuación te pasaré a mostrar unas cuantas ideas de negocios que requieren poco o nada de capital y que están en auge en la actualidad, gran parte de ellas están relacionadas al mundo online, dado que es la mejor forma de sopesar una crisis o comenzar a crear una marca propia, el público al que exhibes tu negocio en internet es basto en comparación con un pequeño local en tu ciudad. Debes de tener en cuenta en que estas ideas de negocios serán útiles siempre y cuando las complementes con tus gustos dado que en caso de que sea un éxito, deberás dedicarte a ello y no hay nada más satisfactorio en la vida que dedicarte a lo que amas y ganar dinero por ello.

Cursos Online

Este tipo de negocios es de los más fáciles de realizar, puesto que absolutamente todos dominamos algún tema en específico ya sea conocimientos académicos, profesionales, deportivos, moda, de videojuegos, etc. Aquí tu éxito va a depender solo de que tan creativo seas y de que tu nicho al cual estas apuntando sea demandado. Un curso online se dedica a el entrenamiento y capacitación de personas en ciertas áreas específicas. Este mercado ha sido altamente explotado en los últimos años, pero aún quedan muchas áreas donde aplicarse, es un mercado al alza y con las herramientas tecnológicas de hoy en día, ser instructor en algo es relativamente sencillo, aquí te daré algunos ejemplos.

- Instructor de fitness
- Preparador para exámenes académicos
- Instructor de instrumentos musicales
- Preparador de artes marciales
- Asistencia en temas tributarios y legales
- Entrenamiento para futuros emprendedores
- Entrenador de videojuegos a nivel aficionado y competitivo
- Instructor de conocimientos informáticos
- Instructor de cocina
- Instructor de jardinería
- Cursos de Marketing digital

Hay un sinfín de áreas donde podrías crear un curso, lo importante es que investigues su rentabilidad y competencia, para ello puedes ir a Google y buscar "Curso de…" y veas quien está ya desarrollando cursos en esta área, ver sus precios y cantidad de alumnos y si están pagando por anuncios.

Si sientes que no dominas un tema en específico para crear un curso de calidad, puedes utilizar una estrategia que denomino "ser un experto curioso", quiere decir que te eduques tú mismo en temas de alta demanda, y a medida que comprendas los temas y los domines comiences a grabarte explicándolos. Una persona que está recién dominando un tema en específico suele ser más claro al transmitir el mensaje que alguien experto. Esto es debido al sesgo cognitivo conocido como La maldición del conocimiento. Que dice que las personas que son expertas en un área suelen dar por sentado que sus alumnos ya dominan ciertos aspectos básicos o lenguaje técnico, lo que termina por afectar el mensaje que se logra transmitir. Es por esto por lo que una persona que está tan solo un par de pasos adelante que el resto en conocimiento suele ser más claro a la hora de enseñar, dado que las mismas dudas que va teniendo en el camino, las enseñará.

Existen plataformas especializadas en donde puedes crear y vender tus cursos online. Udemy es un buen punto de partida para iniciarse en este tema, cuenta con su propio Marketplace y son ellos mismos quienes promocionan sus cursos a sus millones de alumnos, sin embargo, los precios no suelen ser tan atractivos y la competencia es alta. Otra forma es mediante plataformas e-learning que te permiten montar tu curso y poder cobrar más por él, pero no cuentan con Marketplace, y no te harán el proceso de promoción, entre ellas tenemos a Teachable, Kajabi y Hotmart. Mi consejo es que comiences con cursos cortos y sencillos en Udemy para que no tengas que hacer mucho, para luego comenzar a construir cursos más elaborados en las otras plataformas, lo recomendable sería que empieces a pensar en algún medio para crear comunidad, ya sea una página web, YouTube, blog o redes sociales, de esta forma tendrás un público al cual venderle tus cursos en el futuro. También puedes promocionar tus cursos mediante la plataforma de Google Ads, o campañas publicitarias en YouTube.

Libros electrónicos

Una de las industrias más disruptivas y una de las que proporciona un gran camino hacia una empresa solida online para generar dinero es la publicación de libros. Específicamente, publicar y vender e-books.

Todo ese trabajo de edición, escritura y administrativo de las grandes editoriales, más los procesos de imprenta, distribución y comercialización para llegar a las manos de los clientes, puede hacerse desde esa misma computadora que posees.

Con toda la burocracia existente, falta de apoyo de marketing y bajas regalías para los escritores, muchos están descubriendo que la autoedición es una opción mucho mejor y en la mayoría de los casos, la más rentable en comparación con ser publicado por una editorial.

Existen algunas diferencias claves entre la autoedición y el proceso de publicación tradicional.

- No tendrás que lidiar con libros impresos eliminando el gasto de creación, almacenamiento y distribución.
- No tienes costos operacionales por el mismo punto anterior.
- El marketing suele segmentarse mejor en el mundo online que el físico.
- Podrás estar en la estantería digital más grande del internet como lo es Amazon.

Los e-books representan aproximadamente un 20% del mercado editorial en los Estados Unidos, y hay mucho espacio dentro de ese 20% para que un emprendedor de e-books sea parte de ese mercado.

Los e-books son, bueno, libros. Pero en un formato en el que se puedan entregar o descargar online. Puedes escribirlos tú mismo, emplear a escritores, usar contenido de dominio público y crear tus libros a partir de ellos o hasta libros con licencias PLR o MRR.

La otra particularidad del e-book es que no está supeditado a ninguna editorial, por lo que su contenido puede ir segmentado a mercados especializados sin tener que ubicarse en categorías generales de la editorial, estos nichos específicos pueden ser guías de viajes, misterios, tutoriales, seducción, etcétera. Casi cualquier tema es válido siempre que haya un mercado con compradores listos para su adquisición.

Una forma de saber que categorías son rentables es ir a Amazon y ver la lista de los más vendidos, y no solo la general, sino también las de categorías y subcategorías.

En este mundo de la auto publicación no tendrás que depender de ningún editor que dictamine si se publicara tu libro o no, ni de ninguna librería que quiera adquirir tu libro para la venta en sus estantes, tú tienes el control total de todo el proceso.

De hecho, tú serás quien se encarga de todo, incluido el marketing y las ventas, y esto significa que podrás quedarte con todas las ganancias.

Los autores que se auto publican han tenido un gran éxito en los últimos años. Hugh Howey logro vender más de 20.000 copias mensuales con sus series de libros de ciencia ficción a través de Kindle Direct Publishing de Amazon, generando ingresos de $150.000 dólares mensuales aproximados. Otro ejemplo es Amanda Hocking, que con sus novelas de fantasía y romance ha vendido más de un millón de libros en Amazon, generando más de 2 millones de dólares en venta, y sin ir más lejos la misma obra de 50 Sombras de Grey, comenzó como un relato erótico autopublicado por E.L. James, en la página de fanfiction.net, la cual fue comprada y convertida en película.

Te en cuenta que, si bien Amazon es la forma más común en la que la mayoría de la gente vende sus libros de manera digital, también puedes promocionarlos en tu propio sitio web, tendrás más control sobre la venta y, por lo general podrás cobrar precios más altos, pudiendo llegar a los $40 o más incluso, que es el doble de lo que se vendería por un libro impreso tradicional.

Si lo que quieres es desligarte de todo este proceso burocrático de publicación, Amazon es la mejor herramienta para publicar tu libro digital, a través de Amazon Kindle Direct Publishing, su plataforma para personas que deseen auto publicar sus libros, pese a que cobra una comisión por cada venta, su alcance hace que valga la pena, se dice que alrededor de 90 millones de estadounidenses son lectores activos de libros electrónicos, y el 38% de las ventas diarias de libros electrónicos en Amazon se destinan a títulos autoeditados. La forma de vender en Amazon es simple, te registras en su página y luego cargas tu e-book, y ya con eso bastará para que esté a la venta y a disposición para todo público.

Lo creas o no, es posible que ya hayas escrito la mayor parte de un libro electrónico. Si ya posees un blog, esas publicaciones de tu blog podrían convertirse en un e-book con algunas modificaciones. Simplemente recopila las publicaciones más relevantes o de mayor impacto de tu blog en un orden que tenga sentido, realiza ediciones necesarias para quitar el ruido que pueda tener, agrega una introducción y conclusión y listo ya tienes un libro digital cocinado y listo para la venta.

Aunque la información se puede encontrar de forma gratuita en todo el sitio o en el internet, muchas personas están dispuestas a pagar dinero para tenerla organizada formalmente en algo más compacto y fácil de consumir como un e-book, tal y como ocurre con los cursos online.

Empresa audiovisual

El material audiovisual es cada vez más demandado dada la alta conectividad que hay en el mundo de hoy, la globalización hace que conseguir material digital sea mucho más sencillo y, por ende, sea fácil de crear, si no sabes que trata, básicamente es vender todo tipo de material multimedia ya sea audio, video o fotografías o los servicios de post producción y dirección. Existen varias páginas web donde puedes vender tus videos, fotos y audios, como Shutterstock, Videovo, Filemusicarchive, epidemicsound, foap, etc. El tipo de material que es muy requerido en estas páginas es del tipo comercial, fotografías que se puedan utilizar en campañas publicitarias, revistas o portales de internet, videos para montajes de comerciales, video blogs o cualquier otro contenido comercial. En cuanto a los audios, pueden requerirse para la creación de samples, composición musical, para acompañar video blogs o para creación de contenido en general, creación de campañas publicitarias, entre otros. Es un mundo muy poco explotado y en donde tu constancia es la única herramienta que necesitas. Lo atractivo de este tipo de negocios es que pueden generar ingresos pasivos si lo trabajas bien desde el principio, dado que las ventas ocurrirán en todo momento al igual que ocurre con los e-books y los cursos online. Por lo que, si eres un aficionado a la fotografía, la música o el mundo audiovisual podrás monetizar tu estilo de vida de esta manera, quizás en este momento estés perdiendo dinero al tener guardadas esas fotografías de tu viaje a la montaña, o ese solo de guitarra que sueles tocar, o ese time-lapse que creaste de las nubles.

Una vez logres crecer dentro de esta industria, puedes incluso comenzar a contratar personas para fotografiar eventos, matrimonios y crear tu propio equipo audiovisual, con tu propia biblioteca virtual de contenido a la venta, ofrecer servicios audiovisuales a empresas más grandes y convertirte en una verdadera productora audiovisual.

Tienda online

Estamos en la era de las e-commerce, y aun estas a tiempo de subirte al carrito de esta industria, hay muchas maneras de cómo crear una tienda online, y el cómo lo hagas va a depender del tipo de cliente al que deseas apuntar, el tipo de productos que desees comercializar y de la ubicación geográfica donde quieres enfocarte, paginas como shoppify.com son una manera muy rápida de comenzar creando una tienda online, en donde tú solo promocionas mediante la plataforma productos ya creados y tú solo eres un intermediario entre el vendedor y el comprador llevándote una comisión por cada venta que realices, otra forma parecida es mediante la red de afiliados de Amazon, donde recibes comisión por cada persona referida que compre productos mediante el link que les proporciones ya sea mediante blog, redes sociales o internet en general. Pero si tu intención es crear una tienda con productos que tengas a tu disposición físicamente, existen muchas formas de conseguir productos a muy bajo costo, puedes comenzar realizando compras contactándote con proveedores mayoristas y conseguir productos a muy bajo coste mediante páginas como Alibaba, o con algún distribuidor local que se especialice en la venta mayorista. Como te decía, las combinaciones en este tipo de negocios son demasiadas, debes de buscar cual se asimila más a tu personalidad y cliente objetivo, conozco personas que comenzaron con una tímida página de Facebook donde promocionaban productos que traían de China, y hoy en día ya tienen su propia marca personal de ropa e incluso han logrado expandirse a otras industrias como la gastronomía para diversificar su riesgo.

Empresa de Traducción

SI dominas algún idioma aparte de tu lengua nativa, puedes crear una empresa de traducción orientada a empresas que hablen los dos idiomas que domines, existen paginas donde obtienes ingresos por traducir documentos como Fiverr o Clickbank, podrías comenzar por ahí para empezar a armarte de capital y tener un portafolio de referencia para futuros clientes, puedes comenzar ofreciendo tus servicios a empresas relacionadas indirectamente al turismo, como lo son los restaurantes, bares y pubs de tu ciudad, mejorando su conectividad con el mundo traduciendo sus páginas webs, menús, y afiches del recinto, una vez logres cierta afluencia de clientes puedes comenzar a apuntar a rubros más relacionados con el turismo como lo son los hoteles, casinos y museos, y expandirte hasta lograr tu agencia de turismo, asistiendo a turistas que quieran conocer la ciudad, tours guiados y servicios especiales. Tu segundo idioma podría darte mucho dinero.

Creador de contenido

Esta es mi preferida y es que el subir contenido es una de mis pasiones, me encanta estar conectado con la gente y contribuir a la sociedad con mi grano de arena. Existe una gran cantidad de personas que se dedican a crear contenido en internet, ya sea mediante redes sociales, blogs, videos de YouTube, páginas webs, entre otras. Es una increíble herramienta para contribuir a que este mundo sea mejor y que puedas obtener un beneficio económico mientras lo haces, solo debes persistir en lograr transmitir un mensaje, alegrar el día a alguien o solucionar un problema, nunca sabrás cuando estas ayudando a alguien si no lo intentas. Tus ingresos van en función de que tanta gente consigue verte o leerte, y la única forma de conseguir eso es aportando valor y utilizando herramientas de optimización para que los motores de búsqueda muestren tu contenido, conocido comúnmente como SEO en el mundo digital. El ingreso pasivo en este rubro es una realidad, sino YouTube no sería el segundo motor de búsqueda más usado en el mundo, ¿Estás listo para iniciar tu carrera de influencer?

Negocios tradicionales en auge

Si la tecnología no es lo tuyo, pues deberías de reconsiderar tus prioridades de aprendizaje y comenzar lo antes posible a educarte en ella, dado que es el futuro inevitable en el cual vivirás, sin embargo, existen ciertos negocios tradicionales que aun funcionan frente al panorama actual cambiante, esto no significa que sean sencillos y carentes de uso tecnológico, por el contrario, la sabia adaptación de un negocio tradicional con herramientas digitales expandirá aún mas su crecimiento y retornos.

Quiero dejar en claro que cualquier negocio tradicional que demande de tu tiempo para que recibas ganancias va en contra de los principios de la Libertad Financiera, sigues teniendo un empleo, que es tu propio negocio, pero empleo en términos económicos, es por esta razón que recomiendo tanto los negocios digitales, y la misma razón por la cual es la sección mas extensa de este libro, considero que son más indicadas para librar a cualquier individuo de su rutina actual y le da libertad física, financiera y de tiempo.

Si logras automatizar un negocio tradicional este hará lo mismo que una maquina de generar dinero online, una vez tengas tu negocio en funcionamiento con ganancias prometedoras, tu siguiente objetivo será automatizarlo, así tendrás el tiempo necesario para pensar en nuevas formas de expandir tu negocio y de buscar nuevas alternativas de inversión.

Marca de ropa propia

Esta está muy ligada al negocio de las tiendas online, y es que si consigues un potente mercado en el cual vendes tu marca, perfectamente podría ser expandida mediante tu propia tienda online, hazte con algunos contactos en empresas de serigrafía, estampados y logística y ya está, puedes iniciar creando tus propias prendas en casa, diseñando tu propia ropa y dándoles tu toque personal que te diferencie de la ropa convencional, puedes asociarte con empresas de logística para una rápida distribución de los productos hacia tus compradores y permitir que ellos mismos permitan la edición de sus prendas a su gusto mediante tu página web, así recibirás feedback inmediato sobre cómo les gustaría que fuesen las prendas a tus clientes, este negocio tiene muchas variantes, dado que puedes diseñar incluso ropa para mascotas, las cuales cada día tienen más peso en los hogares y por ende más cuidado por parte de los dueños, puedes ofrecer tus servicios de modista para eventos y desfiles, o crear ropa corporativa a empresas colegios o instituciones gubernamentales.

Si estás pensando en crecer tu marca personal o si ya posees una, crear merchandising relacionado con tu marca es una excelente alternativa también. Vende ropa y accesorios con tu marca personal en ellas y así lograras tanto identidad de las personas con tu marca, como ganancias extra por concepto de merchandising. Sin embargo, has esto siempre y cuando ya hayas creado una comunidad fiel a tu contenido y este consolidada.

Empresa de Jardinería

Este negocio puedes enfocarlo tanto en zonas residenciales como en zonas rurales, puedes iniciar prestando servicios de jardinería a cercanos e ir expandiendo tu red de clientes, para conseguir automatizar la empresa mediante personal capacitado para la jardinería, el medio ambiente está tomando cada vez más conciencia en las personas, así que no es descabellado pensar en este rubro como una fuente interesante de ingresos, existe mucha gente ahí afuera con grandes jardines que se mueren por alguien que se encargue de su desorden y le dé un toque exclusivo a su hogar, también puedes recurrir a la germinación de semillas, generando venta de flores y vegetación exótica, adornos florales para eventos, funerales, carnavales, etc. Este mercado no suele tener tanta competencia, pues no es algo que se considere rentable, pero ojo, no la subestimes, hay una mina de oro escondida aquí, ve de qué forma podría aplicarse este negocio a tus propias aspiraciones y gustos y dale una oportunidad.

Crowfunding Inmobiliario

El crowfundung es un sistema que permite a inversores pequeños financiar grandes proyectos que, solos sería prácticamente imposible de financiar como propiedades, apartamentos, hoteles, resorts, etcétera.

No tienen por qué ser bienes raíces, los hay también del tipo de servicios para financiar clínicas, estadios deportivos, restaurantes, etc.

Incluso hasta los mismos creadores de contenidos utilizan este sistema sin que te des cuenta. ¿Conoces Patreon verdad?, bueno este es un sistema de crowfindung donde todos pueden invertir o en este caso apoyar una causa en concreto, en donde las ganancias son mayor contenido y más calidad del creador hacia sus inversores o Patreons en este caso.

En mayo del 2016 entró en vigor la ley JOBS (Jumpstart Our Business Startups) en los Estados Unidos, la cual permite a inversores no acreditados respaldar empresas privadas, antes de esto, para invertir en empresas privadas debías estar acreditado, esto significaba contar con un patrimonio neto de al menos $ 1 millón de dólares o haber ganado al menos $ 200.000 dólares durante al menos dos años.

En el crowfunding inmobiliario grandes inversores buscan pequeños inversionistas que les ayuden a financiar una propiedad de cualquier tipo, ofreciendo a cambio dividendos mensuales, trimestrales o semestrales de las utilidades de dicha propiedad y/o comisiones por conceptos de alquiler.

Hagamos un ejemplo básico sobre este sistema, digamos que inviertes el $1.000 en una propiedad de 1 millón de dólares, y que dicha inversión te pagará un dividendo de sus utilidades equivalente al porcentaje que has invertido, o sea un 0,1% más un 0,2% por concepto de dividendos, si esta propiedad genera $80.000 mensuales por ejemplo dado que genera ingresos por concepto de alquiler, a ti cada mes se te pagará $240 dólares, es decir al cabo de 4 o 5 meses aproximado ya habrás recuperado tu inversión. Ahora esto es solo un burdo ejemplo de lo que podrías encontrar, obviamente son más complejas que esto y requieren cierta documentación. En la página Sharestates.com podrás ver un ejemplo de plataforma de crowfunding inmobiliario orientada a Nueva York.

Lo bueno del crowfunding es que tampoco arriesgas tanto, si aparece alguna inversión interesante en los 6 dígitos en Nueva York, puedes comenzar invirtiendo en Sharestates con tan solo $1.000, en Sharestates podrás ver todo muy detallado con gráficos que describen el nivel de riesgo de cada propiedad donde D- es la peor y A+ la mejor. Incluso en España puedes comenzar a invertir en propiedades interesantes a partir de los $50 euros.

Si bien Estados Unidos tiene bastante camino recorrido en esto de los crowfunding inmobiliarios con empresas como Fundrise o Streitwise, Latinoamérica y España no se quedan atrás. Gracias a la ley JOBS anteriormente mencionada, muchos otros países han adoptado medidas similares para permitir inversiones de bajo volumen. Este es el caso de México con empresas como Briq, o Icrowdhouse en España, Cirii en Colombia, Crowdium en Argentina y Lares en Chile como las más grandes y serias.

No necesitas tener una gran cantidad de dinero para invertir en el mercado inmobiliario, si lo que deseas es obtener ganancias de capital por medio de propiedades, el crowfunding inmobiliario te servirá, si por el contrario lo que quieres es adquirir una propiedad para vivir en ella y, posteriormente, alquilarla, eso ya es otro asunto que no discutiré en este libro, puesto que estas alternativas de inversión que te presento pretenden ser asequibles a todo público, tenga capital para una propiedad o no.

Invierte en deuda

Para la mayoría de las empresas ya sean pequeñas o medianas una de las necesidades más importantes radica en tener suficiente flujo de caja, esto fomenta el crecimiento y expansión de los proyectos, además de la adquisición de mejores equipos, maquinarias, más personal, entre otros. Por lo que para ello es necesario una inyección de capital externa, la forma más tradicional de hacerlo es mediante bancos e instituciones financieras, sin embargo, no todos los bancos e instituciones tienen la capacidad de flexibilidad necesaria para realizar préstamos a emprendedores y pequeños negocios. Es por esta razón por la cual surgen varias alternativas de préstamo para estas pequeñas o medianas empresas, entre ellas encontramos la financiación colectiva o Crowlending.

El Crowlending en su definición más sencilla consiste en financiar proyectos, empresas o personas mediante un colectivo de personas dispuestas a invertir en ella, acordando un interés fijo pactado de antemano.

Es lo mismo que el Crowfunding Inmobiliario, pero, el lugar de invertir en propiedades, inviertes en deudas de empresas, en otras palabras, te vuelves el banco de un Proyecto o empresa en particular.

Entre las empresas a destacar encontramos a LoanBook y Arboribus, las cuales cuentan con una cartera selecta de empresas y proyectos que buscan de pequeños inversionistas. Si lo que buscas en cambio es financiación para tu empresa o proyecto, deberás ponerte en contacto con ellos directamente para que revisen tu propuesta y establezcan un riego de inversión.

La deuda es buena o mala dependiendo del lente con que se mire, solemos tener cierta aversión a cualquier proyecto o iniciativa que tenga entre sus componentes la palabra deuda, y no es culpa nuestra, es la programación que tenemos en nuestros cerebros la que nos hace temerle a ella, y es tu deber como persona consiente de esa programación extraerla de donde se encuentre.

Consejos para un plan financiero exitoso

Incluso si ya has determinado un conjunto de planes financieros que te podrían interesar, ya sea negocio propio, bienes raíces, o jubilación, debes tratar de coordinar estos planes para maximizar sus rendimientos. Para ayudarte a lograr esto, a continuación, te dejo los 7 pasos cruciales para la planificación financiera que te permitirán alcanzar sus metas, dentro del tiempo que lo requiera, con beneficios fiscales y con un riesgo mínimo

1. Reservas de efectivo de emergencia

Siempre reservar de 3 a 6 meses de tu salario en una cuenta de la que puedas retirar dinero a corto plazo sin incurrir en ningún préstamo. Esta reserva de emergencia hará frente a cualquier gasto inesperado a corto plazo, trata de evitar el uso de tarjetas de crédito y usa estas reservas en su lugar. Sus usos pueden ir desde un gasto de inesperado de la reparación de tu carro, hasta una pandemia mundial.

2. Gestión de Riesgos

El seguro es la forma más segura de gestión de riesgos. Por lo tanto, asegura tu coche, casa, y otros activos significativos. También puedes considerar un seguro de vida para ayudar a compensar la pérdida de ingresos y pagar deudas en caso de muerte. Mientras finalizas tu opción de seguro, elije siempre el tipo de seguro que se adapte a tus necesidades, y averigua la cantidad necesaria de cobertura que es asequible para ti.

3. Plan Inmobiliario

Aunque tener una casa no sea prioridad ahora, debes de contar con un plan inmobiliario listo en caso de que se presente alguna buena oportunidad de inversión. Asegúrate de que tus activos se mantengan y se traspasen a tus generaciones futuras una vez mueras y de toda la documentación legal que necesitaras para hacerte con un bien inmueble en el futuro.

4. Ajuste de objetivos

Este es el marco de coordinación para tu plan financiero. Siempre que recibas una oferta de inversión, remítela siempre a tus objetivos financieros generales. Pregúntate si es propicio o productivo para tus metas y si se adapta a ellas. Este compromiso con tus objetivos te ayudará a mantenerte enfocado a largo plazo.

5. Inversiones diversificadas

Debes tener un plan de asignación de activos personalizado para cumplir con tus objetivos y mantener el elemento de riesgo dentro de los límites que consideras aceptable. Sin esto, tus inversiones estarán sujetas simplemente a los caprichos de la economía en lugar de estar dirigidas por tus necesidades.

6. Planes de Jubilación

Con todo lo dicho anteriormente habrás sido consciente de que un plan de jubilación no te dará la riqueza que esperas, ni mucho menos el tiempo para disfrutarla, además de que no posees un control sobre donde se invierte ese dinero lo cual va contra los principios de la Libertad Financiera, sin embargo, no omitas tus contribuciones a tu plan de jubilación hasta que no tengas una libertad económica garantizada tras tus inversiones, además de que son una forma de ahorrar indolora dado que se deducen directamente de tus ingresos.

7. Planificación Tributaria

Esto significa aprovechar todas las posibles deducciones fiscales y planes diferidos de impuestos que la ley te permite, así como usar créditos fiscales dondequiera que sea elegible. Un buen plan de impuestos puede ahorrarte miles de dólares en impuestos.

Como librarse de deudas

El alivio de la deuda es un problema grave para la mayoría de nosotros. Vivimos en una sociedad donde todo el mundo quiere los gadgets más geniales, un coche y una casa más bonita. Eso no tiene nada de malo. Desafortunadamente, la buena vida por la que has trabajado tan duro para lograr no es gratis, ni mucho menos barata.

Si ganas cualquier tipo de salario decente, entonces lo más probable es que tengas préstamos estudiantiles que pagar. La educación es probablemente una de las deudas más caras que la mayoría de la gente tendrá. El costo de su primer coche es considerablemente menos costoso que un préstamo estudiantil.

Así que tienes deudas. Casi todo el mundo tiene deudas, pero eso no hace que sea más fácil vivir con ello. Y, si tus deudas están empezando a exceder tus ingresos, entonces tienes un problema real que quizás no te deja dormir.

Tienes que hacer algo al respecto. Y tienes que hacer algo al respecto ahora mismo. ¡Hoy!

No tengas miedo, tú y yo somos de una clase similar. Sabemos que la mejor manera de vivir una buena vida es tener más dinero. Pero lo que no es obvio, es que también tenemos que gastar menos.

En serio, no son las pequeñas cosas las que saquen tu presupuesto a flote. Una y otra vez, he oído hablar de personas tratando de presupuestar recortando un café con leche. Ese latte a $5 dos veces al día son $3,650.00 por año. Eso puede parecer mucho, pero no tanto como en comparación con el nuevo auto de $20,000.

¿Cuál te va a hacer más daño? El latte o el coche a un 9% de interés? Después de 4 años, el auto va a costar $4,000 adicionales en intereses o $24,000.

Mi punto es, que no importa cuánto los gurús te bombardean con la idea de que necesitas cortar cada esquina, dejar de comprar agua embotellada, comer sándwiches de mantequilla de maní y dejar de comer fuera. El efecto es insignificante en comparación con las grandes compras, como automóviles, casas y tomar préstamos para estudiar. Puedes ahorrar mucho más obteniendo una mejor tasa en préstamos de auto o hipoteca. Además, si tienes hijos en la universidad, antes de tomar ese préstamo estudiantil, busca opciones de becas primero.

Entonces, ¿qué puedes hacer?

1. Tu calificación

Comprueba primero tu calificación crediticia para asegurarte de que no hay errores en tu informe. Todos en los Estados Unidos tienen derecho a un informe anual de crédito gratuito. Además, si eres rechazado para una tarjeta de crédito, puedes obtener un informe gratuito.

2. Escribe tus gastos

Escribe todos tus gastos en una hoja de cálculo de Excel. Y con esa información calcula cuánto dinero gastas semanal y mensualmente y estima cuanto porcentaje de esa cantidad corresponde a lo que has generado, con esta información, te será más fácil identificar tus fugas de dinero.

3. Pregunta

Reúna todas sus tarjetas de crédito y comienza a llamar a los bancos para ver si puedes obtener una reducción en las tasas de interés. A veces simplemente preguntar ayudará. Nunca se sabe hasta que preguntas.

4. Enlista tus deudas

Cree una lista solamente con tus préstamos y deudas de tarjetas de crédito y toma la decisión de pagar el saldo más grande o el préstamo con la tasa de interés más alta, que por lo general proviene de las tarjetas de crédito al tener un sistema revolving de acumulación de intereses.

5. Paga tu deuda más alta

Elije una tarjeta o pago de préstamo a la vez para atacar. Puedes realizar pagos mínimos en las otras tarjetas que no hayas seleccionado. Sí, los intereses se acumularán sobre los demás, pero tu tendrás un plan. Duplicarás el pago en el único préstamo que hayas seleccionado primero para pagar pronto. Toma todo ese dinero que te has ahorrado de pagar los mínimos en las otras cuentas y pon todo ese dinero en la cuenta que deseas atacar. Esto puede parecer radical, pero funciona. Este es un método extremadamente poderoso para reducir la deuda.

6. Tu Hipoteca

Si decides abordar tu hipoteca, entonces debe ser consciente de que algunas compañías hipotecarias requieren que rellenes un pago en blanco diciéndoles explícitamente cuánto extra va al principio. Si no respondes a esta pregunta, pueden poner el dinero extra en una cuenta de depósito en garantía que gana ningún interés y no se aplica a la reducción de la deuda hipotecaria.

7. Evita tu Tarjeta de Crédito

Deja de hacer cargos innecesarios a tu tarjeta de crédito. No pagues los comestibles o McDonald's usando tarjetas de crédito. Use dinero en efectivo para McDonald's y tarjetas de débito para comestibles. Puedes quedarte con ese latte, pero deberías usar dinero en efectivo para pagarlo.

8. Protege tu puntuación crediticia

Toma todas las tarjetas menos dos, una para ti, y otra para tu cónyuge y colóquelas en una caja. No las cortes ni cierres las cuentas, como dicen algunas personas. La razón es que su puntaje de crédito refleja su "crédito total disponible". Por lo tanto, si comienzas a cerrar cuentas, reduces su crédito disponible, lo que perjudica su puntuación de crédito. Estamos tratando de ayudar a su puntuación, no a herirla.

9. Busca ofertas

Conviértete en un cazador de gangas. No te conformes con pagar los precios de venta al por menor. Internet es un gran lugar para encontrar gangas. Además, las redes sociales pueden ser un gran comercio de segunda mano. Nunca camines a un centro comercial sin antes visitar internet y tener precios de referencia. No dejes que las grandes compras te muerdan.

10. No inviertas en tu casa

Nunca te endeudes en contra del capital de tu casa. Hay muchas ofertas por ahí. Tal vez estés pensando en una nueva cocina o una piscina. No lo hagas. Cuando decidas vender tu casa, esas inversiones no servirán para nada. Nunca recuperarás ese dinero cuando vendas tu casa. Los corredores normalmente te van a cobrar alrededor del 6% para vender tu casa, en una casa de $200,000, eso es $12,000. Eso sale directamente de tu bolsillo. Los valores inmobiliarios en todo el mundo están en declive. Hay demasiadas casas nuevas en el mercado y el mercado está en constante cambio. A pesar de que los intereses de los préstamos de capital de vivienda son deducibles de impuestos, no pidas prestado contra tu casa por ningún motivo. Necesitas   mantener tu patrimonio.

Prueba estos consejos antes de ir a un consejero de deudas. La mayoría de los servicios de deuda reducirán la cantidad de tus préstamos, pero a un costo terrible para tu calificación crediticia. Por lo general, se tarda unos 7 años en eliminar el crédito malo de tu informe y se necesitan 10 años para eliminar una bancarrota. La mayoría de las agencias proporcionan muy poco en el camino del asesoramiento de deuda real. Lo que proporcionan es alivio de la deuda al negociar con las mismas compañías de tarjetas de crédito que las pagan. Convertirse en libre de deudas no es fácil, pero si sigues estos consejos, y eliges una tarjeta de crédito o préstamo para atacar a la vez y permanecer comprometido, realmente puede convertirte en libre de deudas en tres a cinco años.

La Libertad Financiera y los niños

La gran mayoría de nosotros (Y me incluyo), jamás fuimos educados sobre el manejo del dinero cuando éramos pequeños, y esa privación puede haber programado de una u otra manera nuestra relación con el dinero en la actualidad. Nuestros pequeños cerebros en crecimiento absorben todo tipo de información como una esponja absorbe el agua y si educas a tus hijos sobre el correcto manejo de las finanzas, sabrá cómo lidiar con ello una vez adulto y administrarlo sabiamente.

Lo mejor que puedes hacer por tus hijos ahora es comenzar con una educación financiera temprana, ellos necesitan tener una experiencia de primera mano con el dinero, que entiendan la cualidad transaccional que posee. Si tu hijo o hija quiere algo, en lugar de comprarlo para él o ella, dale el dinero para que lo haga por su cuenta, esto es lo fundamental para que tu hijo conozca la funcionalidad del dinero a temprana edad.

Deja que el niño maneje el dinero por su cuenta, que compre sus propios recursos para el colegio como artículos escolares, cuadernos, etc. Así se hará consiente de sus propias limitaciones, obviamente deberás prestar atención en que gaste su dinero en actividades favorables para él.

Otro aspecto fundamental es que aprenda a dominar los presupuestos, para ello simplemente basta con que anote en una hoja lo que tiene y lo que va gastando y todos los domingos o fines de mes calcular los totales, así será consiente de cómo está circulando su dinero y cuanto ha gastado, incentívalo con metas que desafíen su capacidad de gasto, como por ejemplo regalarle 50 dólares el próximo mes si consigue un gasto del 40% del total de su dinero este mes. Este hábito les permitirá hacer proyecciones futuras de su dinero y fijarse objetivos, como comprar una laptop o consola de videojuegos para navidad, una bicicleta, etc. El sabrá perfectamente si es posible o no, en base a sus números en su hoja de presupuesto. Serán responsables 100% de si tienen o no una bicicleta para navidad.

El siguiente paso sería enseñarle el concepto del interés compuesto, para ello ve al banco con él y permite que abra su primera cuenta de ahorros. Esta es una de las mejores decisiones que puedes hacer por el futuro de tu hijo, además de que permite mostrarle de manera cercana lo que el interés compuesto puede hacer con su dinero. Para ello, ve mostrándole mes a mes con gráficos como su dinero va creciendo de manera exponencial, además muéstrale lo que podrá lograr en un par de años si sigue así de constante

Y la última cosa que podrías hacer es hacer que tu hijo juegue un papel importante mientras haces compras importantes, no excluyas nunca a tu hijo de un asunto serio, ya sea la compra de un auto, casa, negocio o cocina nueva. Infórmale a tu hijo lo que está sucediendo y la cantidad de investigación que hay en cada compra. El proceso de comparación y negociación son importantes, asígnale tareas de comparaciones de precios o de búsqueda de información relevante haz que te acompañe el día que debas de generar esa compra.

Comprometiendo a tu hijo en asuntos tan decisivos hará que él se tome su dinero más enserio y tomará decisiones más asertivas en el futuro.

Tus hijos tendrán ventaja en este mundo si tienen un don para los negocios, sabrán como dominar cualquier oportunidad e inversión que les presente la vida, y estarán mucho más preparados que nosotros para multiplicar su dinero y retirarse a una temprana edad.

Cuida lo que le dices a tus hijos

Ten cuidado con el tipo de lenguaje que utilizas frente a tu hijo en relación al dinero, él debe crecer con la mentalidad de abundancia de que siempre hay dinero suficiente para todo, solo se debe hallar la manera de conseguirlo, en lugar de decirle "no puedo comprarte eso porque no tengo dinero" di "Puedes comprarlo tú mismo en un mes más si ahorras \$\$\$ cada semana" o "Cuando volvamos a casa revisemos en Internet si está más barato".

Siempre intenta alentar a tu hijo a que consiga lo que quiere, si lo que desea es demasiado caro, hazle razonar el valor cuantitativo de las cosas, enséñale el concepto de producto sustituto, que detrás de un artículo caro siempre hay un sustituto más económico, si lo que desea él es la PlayStation 4, muéstrale el precio de la PS3, la PS2 o una Laptop económica incluso, pero no le digas que no se la puedes comprar por falta de recursos jamás, simplemente ese dinero esta priorizado en otras cosas de urgencia ahora, pero que existe.

La mentalidad con la que tu hijo crezca frente al dinero es importante, cuida siempre de ella.

La Libertad Financiera y la jubilación

La independencia económica es esencial para todos nosotros después de la jubilación. Todos deseamos una vida cómoda y relajada durante nuestra vejez. Lamentablemente la mayoría de nosotros no podemos tener el tipo de vida que queríamos después de dejar el trabajo, simplemente debido a la falta de dinero.

Bajo varias situaciones, las personas tienen que seguir trabajando incluso después de haberse retirado, simplemente para satisfacer las necesidades básicas. La infeliz circunstancia podría haber sido diferente con una cierta cantidad de preparación e inversiones cuidadosas y fáciles.

Estos puntos pueden permitirte tener la independencia económica y la vida que deseas a una edad más avanzada.

1. Tu objetivo final

Esto es vital para cualquier plan de vejez, tu misión es tener una idea aproximada de como deseas pasar la última parte de tu vida, que experiencias deseas vivir en esa etapa única. La mayoría de nosotros no tenemos ni idea de nuestra vida soñada una vez viejos.

2. Haz una lista de deseos

Así como no conduces un auto sin idea de a dónde quieres ir, no planees sin pensar. Cuando tomes cualquier plan de jubilación, enumera todo lo que deseas tener después de dejar el trabajo. Haz una lista del tipo de residencia que deseas, el tipo de coche que deseas, el tipo de vida que deseas y así sucesivamente. No te pierdas nada. Anota todo hasta el último detalle.

3. Grábate esa lista en tu mente

No olvides jamás la lista que has creado y cada vez que debas de tomar una decisión que marcara tu futuro financiero, recuerda esta lista. Mantén la lista en algún lugar de acceso rápido como tu móvil o tu billetera y ve leyéndola cada vez que te la encuentres, de esta manera quedaran impregnados en tu mente y te ayudaran a formar conceptos e ideas que apunten hacia esa dirección.

4. Haz estimaciones

Averiguar la cantidad de financiación necesaria para hacer que tus objetivos se cumplan. A continuación, busca los activos y las políticas de inversión, lo que pueden hacer que llegues a ese resultado. Te sugiero que sepas todo sobre tu plan de jubilación, donde y en que es invertido tu dinero, entonces estarás en control total del futuro.

Conclusión

Resumiendo lo que hemos aprendido en este libro primero debes de ser consiente del verdadero significado de Libertad Financiera y estar dispuesto a trabajar en ella pese a los costos que ello implique, luego debes de comenzar a cuidar de ti y de tus finanzas personales, así prepararás el terreno para iniciar tu camino como emprendedor y dueño de negocio. Tras haber hecho esto, lo siguiente sería buscar alternativas de negocio o inversión, para ello miraremos las oportunidades que el internet nos ofrece para emprender sin incurrir en costos y los negocios en demanda. Tras haber dado este paso, lo siguiente es perseverar en ese camino que has escogido y nunca rendirte, aprender en el proceso e ir creando estrategias financieras, de esta forma estarás preparado para llevar tu negocio a un siguiente nivel. No es recomendable dejar el trabajo por emprender, debes ser capaz de combinar estos dos mundos, hasta que tus negocios te den el ingreso suficiente para sustituir tu nómina.

Educa lo más que puedas en tu camino a quienes no tienen acceso fácil a este tipo de información como lo son los niños y adultos, que comprendan el significado real del dinero y su adecuada gestión.

Ahora te toca a ti

Tu éxito es aquel que creas y te das a ti mismo. Piensa en ello como tu recompensa, como algo que se ha creado en tu nombre, pero depende de ti el merecerlo o no. Así que es momento de salir ahí fuera y buscar ese éxito que espera ser encontrado. Habrá momentos en los cuales serás puesto a prueba, pero tendrás que apretar los puños e ir a por él. En momentos como este, simplemente cierra tu mente de pensamientos negativos, y mantén tu objetivo y visión en tu mente.

Todo esto es mucho más fácil decirlo que hacerlo, así es el largo y difícil camino que todos debemos recorrer para llegar al éxito.

Por mi parte, no me queda nada más que alentarte a que persigas ese sueño y, si este libro ha sido de utilidad para tu camino, ya me doy por satisfecho. ¡Ánimo, y espero saber de tus resultados pronto!

9 798683 557270